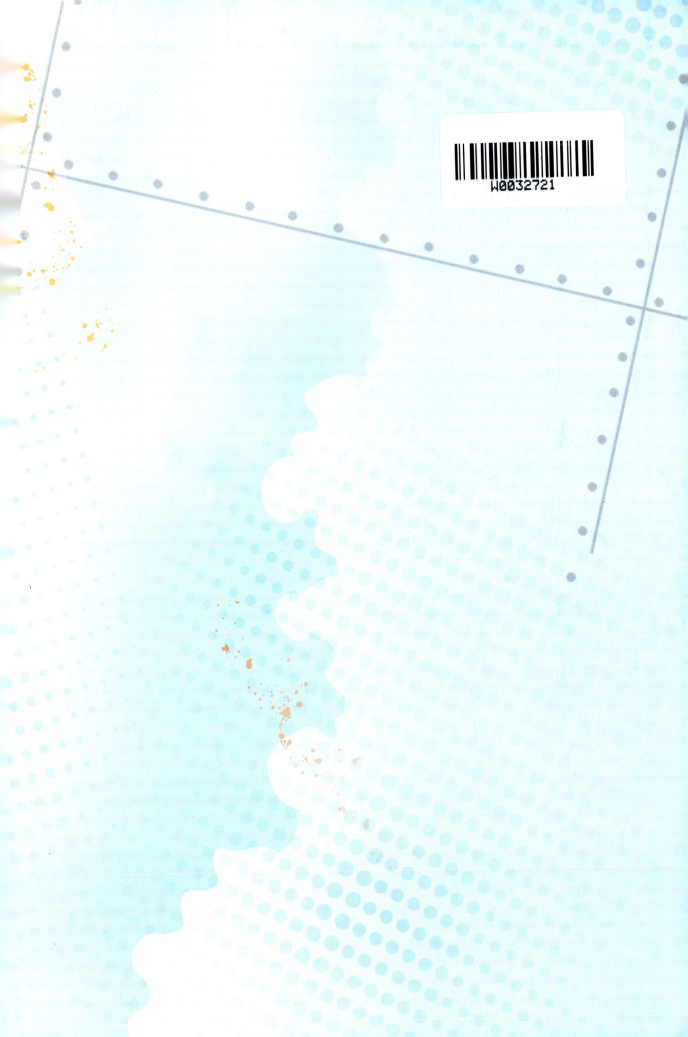

Copyright © 2013 Disney Enterprises, Inc.

Bearbeitung: Ellie O'Ryan
Illustrationen: Disney Storybook Artists

Alle Rechte vorbehalten. Die vollständige oder auszugsweise Speicherung, Vervielfältigung oder Übertragung des Werkes, ob elektronisch, mechanisch, durch Fotokopie oder Aufzeichnung, ist ohne vorherige Genehmigung des Rechteinhabers urheberrechtlich untersagt.

Die deutsche Ausgabe erscheint bei:
Parragon Books Ltd
Chartist House
15–17 Trim Street
Bath BA1 1HA, UK

Realisation der deutschen Ausgabe: trans texas publishing, Köln
Übersetzung: Susanne Lück, Köln
Redaktion und Satz: Lesezeichen Verlagsdienste, Köln

ISBN 978-1-4723-0964-8

Printed in Poland

Dusty war ein kleines Sprühflugzeug mit einem großen Traum. Er wollte bei der großen „Wings-Around-the-Globe"-Rallye mit den schnellsten Flugzeugen der Welt um die Wette fliegen. Davon träumte er besonders gern, wenn er die Felder mit Schädlingsmitteln besprühte.

Dustys bester Freund war ein Tankwagen namens Chug. Er trainierte mit Dusty per Funk für die Rallye. Doch eigentlich brauchte Dusty einen Trainer, der sich besser mit dem Fliegen auskannte.

Dusty ging zur Reparatur in Dotties Werkstatt. Weil Dusty in der letzten Zeit ziemlich oft repariert werden musste, fragte sie ihn, ob er wieder Rennen flöge.

Dusty schwindelte und behauptete, dass er keine Rennen flöge, aber Chug verplapperte sich. „Du bist kein Rennflugzeug!", warnte Dottie ihn. Sie befürchtete ein schlimmes Ende.

Chug stellte Dusty dem knurrigen alten Bomber Skipper vor. Er sollte Dusty trainieren. Skipper war früher bei den Jolly Wrenches, einer Fliegerstaffel der Navy, und galt als Kriegsheld.
„Geh nach Hause, Kleiner! Das ist eine Nummer zu groß für dich!", fuhr Chug ihn an.
Dusty war sehr enttäuscht und traurig.

Dusty trainierte weiter mit Chug und nahm schließlich an der Qualifizierung für die „Wings-Around-the-Globe"-Rallye teil.

Vor der Startbahn hatte der dreifache Rallye-Gewinner Ripslinger gerade seinen großen Auftritt. Seine Teamkollegen Ned und Zed sorgten für Aufmerksamkeit.

„Der ist so gut, er braucht sich gar nicht zu qualifizieren – er ist schon im Rennen", sagte Dusty bewundernd.

Schließlich war Dusty an der Reihe für seine Qualifikationsrunde. Als er auf die Startbahn rollte, machte Ripslinger sich über ihn lustig. Auch die Zuschauer johlten vor Lachen.

Dusty konzentrierte sich vor dem Start. Er musste zumindest den fünften Platz belegen, um sich zu qualifizieren. Dusty verblüffte die Zuschauer mit einem grandiosen Flug!

Dusty flog über die Ziellinie. Dottie und Chug gratulierten ihm. Sie waren sehr stolz auf ihren Freund.
Als die Ergebnisse bekannt gegeben wurden, war Dusty nur um Zehntelsekunden langsamer als Fonzareli – und hatte die Qualifikation nicht geschafft. Dusty war so tief getroffen, dass er schon aufgeben wollte.

Einige Tage später kam ein offizieller Vertreter der Rallye nach Propwash Junction und berichtete, dass Fonzareli disqualifiziert worden war. So bekam Dusty doch noch die Chance, an der Ralley teilzunehmen.

Skipper ließ sich schließlich dazu überreden, Dusty zu trainieren. Er drängte seinen Schützling höher zu fliegen, weil der Rückenwind über den Wolken ihn beschleunigen würde. Aber Dusty fand immer eine Ausrede, um nicht höher fliegen zu müssen.

„Die Jolly Wrenches hatten das Motto: Volo pro veritas. Das bedeutet »Ich fliege für die Wahrheit« – und du verschweigst mir etwas!", schimpfte Skipper. Da verriet Dusty ihm sein Geheimnis: Er hatte Höhenangst!

Da hatte Skipper eine Idee. Er ließ Dusty gegen den Schatten eines Linienflugzeugs antreten, das täglich über Propwash Junction flog.

So konnte Dusty trainieren, ohne allzu hoch in die Luft zu müssen. Dusty strengte sich sehr an, und bald sagte Skipper, dass Dusty bereit für die Rallye sei.

Dusty flog nach New York, um am Wettflug teilzunehmen. Das erste Flugzeug, das Dusty traf, war ein Rennflugzeug aus England namens Bulldog. Dies berühmte Flieger war nicht gerade freundlich zu ihn „Das ist ein Wettkampf", erklärte er Dusty. „Da schau jeder nur auf sich."

Dusty erkannte noch mehr Champions und wollte sie gern alle kennenlernen, aber er war sehr schüchtern und wusste nicht, was er sagen sollte.

Plötzlich landete ein maskiertes Flugzeug auf dem Vorfeld. Niemand erkannte ihn, außer Dusty. „Das ist El Chupacabra! Er ist in seiner Heimat Mexiko ein Superstar", erklärte Dusty. El Chu war nämlich außerdem noch Sänger und Fernsehstar!

El Chu und Dusty freundeten sich sofort an.

Die „Wings-Around-the-Globe"-Rallye bestand aus mehreren Etappen. In der ersten flogen sie über den Atlantik. Weil Dusty immer noch nicht hoch fliegen wollte, geriet er geradewegs in einen Hagelsturm und krachte beinahe in einen Eisberg!

Die nächste Etappe führte sie nach Deutschland. Auf dem Flug geriet Bulldog in Schwierigkeiten. Er verlor Öl, das über seine Windschutzscheibe lief, sodass er nichts mehr sehen konnte. Dusty eilte ihm zu Hilfe.

Dusty flog neben dem englischen Rennflugzeug her und lotste ihn so sicher auf den Boden. Bulldog war erstaunt, dass ausgerechnet Dusty ihm geholfen hatte, denn das bedeutete, dass Dusty nun auf dem letzten Platz war!

In Deutschland lernte Dusty Franz kennen – ein kleines Auto, das sich in ein Flugzeug verwandeln konnte. Franz fragte Dusty: „Wärst du nicht viel schneller ohne die ganzen Schläuche und den Sprühmitteltank? Du würdest viel weniger wiegen."

Dusty baute seine Arbeitsausrüstung aus und machte mit El Chu und Franz einen Probeflug. Er fühlte sich wie ein nagelneues Flugzeug!

Und Dusty flog auch wie ein neues Flugzeug! Auf der dritten Etappe durch die Gebirgsmassive Indiens überholte er einen Flieger nach dem anderen. In geringer Höhe um Hindernisse herumzufliegen war schließlich seine Spezialität.

Dusty kämpfte sich vom letzten Platz hinauf auf den achten. Dusty war in aller Munde, er war die Sensation! Ripslinger, der grüne Tornado, war außer sich, weil Dusty so viel Aufmerksamkeit bekam. Er selbst war schließlich der Favorit im Rennen.

Daheim in Propwash Junction sah Skipper Dusty im Fernsehen. Da fasste Skipper einen Plan.

Sparky schob Skipper auf die Startbahn in Propwash Junction. Skipper atmete tief durch und ließ seinen Motor an.

Aber es ging nicht. Er konnte sich nicht überwinden zu fliegen.

Beim Rennen ging es derweil Richtung Nepal. Alle außer Dusty flogen über die Berge. Dusty hatte man gesagt, er könne den Zugschienen durch das Tal folgen, anstatt hochzufliegen. Aber auf einmal sah er, dass die Schienen in einen Tunnel führten.

Dusty wollte seine Angst überwinden und doch hoch über die Berge fliegen, aber es gelang ihm nicht. Deshalb musste er durch den Tunnel fliegen.

Auf der anderen Seite kam ihm ein Zug entgegen. Nur haarscharf konnte Dusty vor dem Zug aus dem Tunnel fliegen.

Dusty flog weiter durch Nepal und landete in einem idyllischen Tal.

„Sind die anderen Teilnehmer schon wieder weg?", fragte Dusty jemanden von der Rennleitung.

„Nein, es ist noch keiner hier", antwortete er. „Du bist der Erste!"

Über Nacht wurde Dusty zum Star des Rennens! Er hatte Millionen Fans aus der ganzen Welt, die ihm zujubelten, als er sich auf die nächste Etappe Richtung Shanghai in China begab.

Der Neuling war nun Ripslingers stärkster Konkurrent. Dusty war ein Star, und das machte Ripslinger unglaublich wütend.

In China angekommen, sprach Dusty mit seinen Freunden daheim über die nächste Etappe. Er musste quer über den Pazifik nach Hawaii fliegen und schließlich nach Mexiko.

„Dort gibt es heftige Stürme", warnte Skipper ihn. „Die können dir glatt die Flügel abreißen. Sei vorsichtig!"

Chug hatte noch eine besondere Überraschung: Die Freunde aus Propwash Junction wollten in Mexiko sein, wenn Dusty dort eintraf.

Mitten über dem Pazifik flog einer von Ripslingers Kumpanen an Dusty heran und brach absichtlich seine Antenne ab. Und ohne Antenne war Dusty verloren!

Auf der Suche nach einem Landeplatz ging ihm auch noch der Treibstoff aus.

Wie aus dem Nichts tauchten zwei Kampfflugzeuge rechts und links neben ihm auf und begleiteten ihn zu einem Flugzeugträger.

An Bord des Flugzeugträgers entdeckte Dusty Fotos von Skipper auf der Ehrentafel der Jolly Wrenches. Bravo und Echo, die beiden Kampfflieger, die Dusty gerettet hatten, waren nämlich ebenfalls bei den Jolly Wrenches.

Dusty fiel auf, dass Skipper auf der Liste für eine einzige Mission stand. Über Funk gab Skipper zu, dass er nur ein einziges Mal ausgeflogen war – und dann nie wieder.

Eine Unwetterfront näherte sich, darum musste Dusty schnell auftanken und seine Antenne reparieren lassen. Nur so konnte er den Rest der Reise noch schaffen.

Dusty wurde vom Flugzeugträger
katapultiert und weiter ging es nach Mexiko!

Auf dem Weiterflug regnete es in Strömen und Blitze erhellten den Himmel. Er flog so niedrig, dass er von einer Sturmwelle erfasst wurde. Er konnte noch einen Notruf absetzen, bevor er unter Wasser gespült wurde.

Ein mexikanischer Militärhubschrauber kam gerade noch rechtzeitig, um Dusty zu retten.

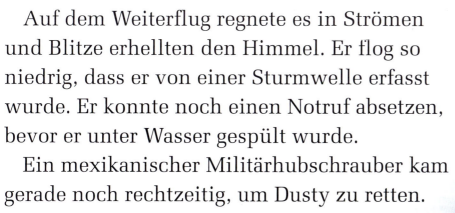

Nach seiner Rettung kam Dusty in den Hangar in Mexiko, wo seine Freunde schon auf ihn warteten.

Dusty fragte Skipper, warum er in der Navy nur an einer einzigen Mission teilgenommen hatte.

Skipper gestand, dass er auf dieser Mission seine ganze Fliegerstaffel verloren hatte. Nach dieser Katastrophe hatte er Angst, jemals wieder zu fliegen.

Dusty war traurig, aber auch sauer, weil Skipper ihn über seine angeblich ruhmreiche Vergangenheit belogen hatte. Zu allem Unglück war er selbst zu sehr beschädigt, um weiterzufliegen. Aber die anderen Teilnehmer halfen Dusty und versorgten ihn mit Ersatzteilen. Jetzt konnte er die Rallye doch noch zu Ende bringen.

Dusty war topfit und begab sich auf die letzte Etappe des Rennens. Er war entschlossen zu gewinnen. Ripslinger hatte jedoch andere Pläne.

„Jetzt zeigen wir's ihm!", rief Ripslinger Ned und Zed zu, als sie Dusty abdrängen wollten.

Plötzlich tauchte Skipper auf und stand Dusty zur Seite. Dusty konnte es gar nicht fassen, dass Skipper tatsächlich flog!

„Los, schnapp ihn dir!", rief Skipper Dusty zu. Dusty wusste, dass es nur noch eine Möglichkeit gab, Ripslinger einzuholen: Er musste über den Wolken fliegen und den Rückenwind dort ausnutzen. Schließlich überwand er seine Furcht und stieß nach oben!

Dusty jauchzte vor Freude als er durch die Luft schoss. Bald kam New York in Sicht und auch Ripslinger, der genau unter ihm flog.

Als sie ins Ziel einflogen, rauschte Dusty knapp an Ripslinger vorbei, der schon in die Kameras strahlte. Dusty hatte gewonnen!

Dustys Freunde waren mächtig stolz auf ihn, und er war ihnen sehr dankbar. Am meisten aber schuldete er Skipper. Skipper hatte Dusty beigestanden – er war und blieb Dustys einzig wahrer Held.

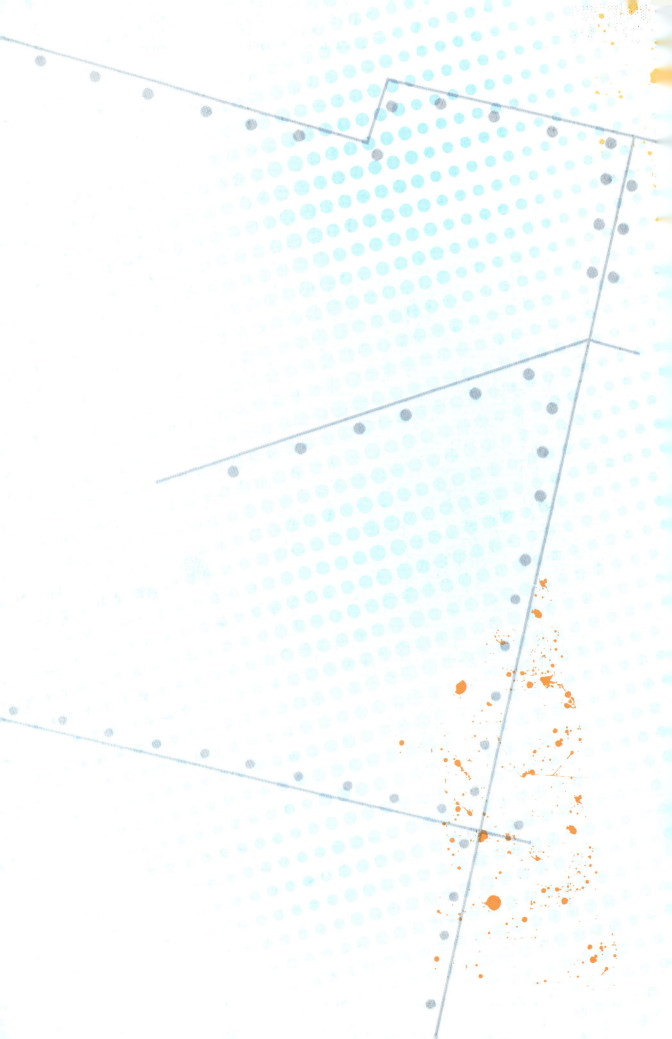